LES PETITS MARABOUT

PASTA PARTY

100 RECETTES

Testées pour vous !

sommaire

AIL, PIMENT & PERSIL

spaghettis
250 g

ail
× 5 gousses

huile d'olive
5 cl

piment en poudre
(peperoncino)
1 cuillerée à café

persil plat
× 6 brins

prêt en 5 minutes

15 minutes de cuisson

pour 4 personnes

- Émincer l'ail, ciseler le persil.
- Dans une grande poêle ou une sauteuse, mettre les spaghettis, l'ail et le piment. Verser 70 cl d'eau. Ajouter l'huile et ½ cuillerée à café de sel.
- Porter à ébullition. Baisser le feu et cuire 12 minutes en remuant régulièrement.
- Rectifier l'assaisonnement si besoin. Ajouter le persil avant de servir.

BOLO VEGAN

spaghettis
250 g

oignon
× 1

tomates concassées
400 g

ail
× 4 gousses

haché végétal
200 g

thym
× 3 brins

prêt en 5 minutes

15 minutes de cuisson

pour 4 personnes

- Ciseler l'oignon, presser l'ail.
- Dans une grande sauteuse, mettre les spaghettis, l'oignon, l'ail, les tomates, le thym et le haché végétal. Ajouter 70 cl d'eau et ½ cuillerée à café de sel. Poivrer.
- Porter à ébullition, baisser le feu et cuire 12 minutes en remuant régulièrement.
- Rectifier l'assaisonnement si besoin. Pour une version plus riche, ajouter un filet d'huile d'olive et des dés de carotte et de céleri.

STAUB
STAUB

CARBONARA

spaghettis
250 g

crème entière liquide
40 cl

lardons
200 g

parmesan
50 g

jaunes d'œufs
× 2

prêt en 2 minutes

15 minutes de cuisson

pour 4 personnes

- Dans une grande sauteuse, mettre tous les ingrédients sauf le parmesan et les jaunes. Ajouter ½ cuillerée à café de sel et 40 cl d'eau. Poivrer. Porter à ébullition.
- Baisser le feu et cuire 12 minutes en remuant régulièrement.
- Éteindre, ajouter le parmesan râpé et les jaunes, remuer vivement. Rectifier l'assaisonnement si besoin. On peut aussi servir les jaunes crus à l'assiette.

spaghettis

THON, KETCHUP & BASILIC

spaghettis
250 g

tomates
× 10

thon à l'huile d'olive
300 g

crème entière liquide
5 cl

ketchup
7 cl

basilic
× 20 feuilles

prêt en 25 minutes

15 minutes de cuisson

pour 4 personnes

- Rincer, éplucher avec un couteau et couper les tomates en petits morceaux. Rincer le basilic, garder quelques feuilles entières et ciseler le reste.
- Dans une casserole, à feu moyen, verser les dés de tomate, la crème liquide, le basilic et mélanger. Ajouter le thon émietté avec son huile et le ketchup. Laisser mijoter 12-15 minutes.
- Faire cuire les spaghettis et les mélanger avec la sauce.
- Saler, poivrer et parsemer de feuilles de basilic.

SAUMON FUMÉ À L'ANETH

spaghettis
250 g

saumon fumé
× 4 tranches

pousses d'épinard
100 g

jaunes d'œufs
× 3

parmesan
25 g

aneth
× 3 brins

prêt en 15 minutes

10 minutes de cuisson

pour 4 personnes

- Râper le parmesan. Rincer et couper grossièrement l'aneth. Couper le saumon en morceaux moyens.
- Dans une casserole, à feu moyen, verser les pâtes chaudes, les pousses d'épinard et l'aneth. Bien remuer. Éteindre le feu.
- Au moment de servir, verser les jaunes d'œufs et mélanger délicatement avec les pâtes. Saupoudrer de parmesan, saler et poivrer.

CREVETTE, TOMATE & ROQUETTE

spaghettis
250 g

crevettes crues surgelées
300 g

tomates séchées à l'huile
100 g

citron vert
× 1

ail
× 4 gousses

roquette
80 g

prêt en 15 minutes

10 minutes de cuisson

pour 4 personnes

- Décortiquer les crevettes, presser l'ail et couper les tomates en lanières.
- Dans une grande poêle, mettre les pâtes, 65 cl d'eau et 5 cl d'huile des tomates. Ajouter ½ cuillerée à café de sel, poivrer. Ajouter les tomates, l'ail, le jus et le zeste du citron vert. Porter à ébullition.
- Baisser le feu et cuire 8 minutes en remuant régulièrement. Ajouter les crevettes au bout de 5 minutes.
- Éteindre. Mélanger, servir avec la roquette.

FRUITS DE MER

spaghettis
250 g

vin blanc
20 cl

sauce arrabbiata
350 g

fruits de mer surgelés
400 g

ail
× 4 gousses

persil
× 6 brins

prêt en 5 minutes

15 minutes de cuisson

pour 4 personnes

- Presser l'ail, hacher le persil.
- Dans une grande sauteuse ou une grande poêle, mettre tous les ingrédients sauf le persil. Ajouter ½ cuillerée à café de sel et 30 cl d'eau. Poivrer. Porter à ébullition.
- Baisser le feu et cuire 10 minutes en remuant régulièrement.
- Rectifier l'assaisonnement si besoin. Servir avec le persil. Pour des fruits de mer plus fermes, les ajouter à mi-cuisson.

CREVETTES À LA GRECQUE

spaghettis
250 g

crevettes roses cuites
100 g

yaourts à la grecque
× 2

ail
× ½ gousse

menthe
× 10 feuilles

citron
× 1

prêt en 15 minutes

10 minutes de cuisson

pour 4 personnes

- Couper les crevettes en deux dans la longueur. Presser le citron. Rincer et ciseler la menthe. Éplucher l'ail.
- Dans un bol, verser les yaourts, 1 ou 2 cuillerées à soupe de jus de citron, l'ail pressé et la menthe. Bien remuer.
- Ajouter les crevettes. Saler et poivrer.
- Cuire les spaghettis et les mélanger avec la sauce.

CALAMARS À L'AIL

spaghettis
250 g

beurre
80 g

persil
× 2-3 brins

ail
× 1 petite gousse

calamars marinés
200 g

mozzarella
× 10 billes

prêt en 10 minutes

5 minutes de cuisson

pour 4 personnes

- Sortir les calamars de leur emballage. Rincer et ciseler le persil. Éplucher l'ail.
- Dans une casserole, à feu doux, faire fondre le beurre coupé en tranches. Presser l'ail au-dessus de la casserole, mettre les calamars et le persil. Mélanger avec une cuillère en bois. Laisser infuser les arômes pendant 3-5 minutes.
- Mélanger avec les pâtes et les billes de mozzarella. Saler et poivrer.

spaghettis

ANCHOIS, AIL & VIN BLANC

spaghettis
250 g

vin blanc
20 cl

anchois à l'huile d'olive
80 g

oignon
× 1 petit

ail
× 3 gousses

persil
× 6 brins

prêt en 5 minutes

15 minutes de cuisson

pour 4 personnes

- Ciseler l'oignon, presser l'ail, hacher le persil.
- Dans une grande sauteuse ou une grande poêle, mettre tous les ingrédients sauf le persil. Verser aussi l'huile des anchois. Ajouter ½ cuillerée à café de sel et 50 cl d'eau. Poivrer. Porter à ébullition.
- Baisser le feu et cuire 12 minutes en remuant régulièrement.
- Rectifier l'assaisonnement si besoin. Servir avec le persil.

spaghettis

CITRON CONFIT & CORIANDRE

spaghettis
250 g

concentré de tomates
70 g

citron confit
× 1 petit

huile d'olive
× 5 cl

harissa fraîche
1 grosse cuillerée à soupe

coriandre
× ½ botte

prêt en 5 minutes

15 minutes de cuisson

pour 4 personnes

- Couper le citron confit en dés. Laver et hacher la coriandre.
- Dans une grande poêle ou une sauteuse, mettre les spaghettis, le concentré de tomates, le citron, l'huile et la harissa. Ajouter 70 cl d'eau et ½ cuillerée à café de sel. Porter à ébullition.
- Baisser le feu et cuire 12 minutes en remuant régulièrement.
- Rectifier l'assaisonnement si besoin. Servir avec la coriandre.

HARICOT VERT & SÉSAME

spaghettis
250 g

haricots verts extrafins
250 g

miso brun
2 cuillerées à soupe

tahini
2 cuillerées à soupe

ail
× 4 gousses

citron
× 1

prêt en 10 minutes

15 minutes de cuisson

pour 4 personnes

- Équeuter les haricots. Émincer ou presser l'ail. Délayer petit à petit le miso et le tahini dans 80 cl d'eau.
- Dans une grande sauteuse, mettre tous les ingrédients sauf le citron. Poivrer. Porter à ébullition. Baisser le feu et cuire 12 minutes en remuant régulièrement.
- Ajouter le zeste du citron et la moitié du jus. Mélanger, rectifier l'assaisonnement si besoin.

ASPERGES AUX ŒUFS

spaghettis
250 g

asperges
× 1 botte

jaunes d'œufs
× 3

parmesan
25 g

prêt en 15 minutes

5 minutes de cuisson

pour 4 personnes

- Râper finement le parmesan.
- Rincer, couper les pieds des asperges et les éplucher jusqu'à la tête. Porter à ébullition 1 litre d'eau, cuire les asperges 5 minutes. Égoutter. Les couper en tronçons.
- Dans un plat, verser les pâtes encore chaudes et les asperges. Mélanger.
- Verser les jaunes d'œufs et mélanger délicatement aux pâtes. Ajouter le parmesan et poivrer.

spaghettis

BIÈRE & POIREAU

spaghettis
250 g

poireaux
250 g

ail
× 2 gousses

thym
× 4 brins

crème fraîche épaisse
20 cl

bière blonde
10 cl

prêt en 25 minutes

15 minutes de cuisson

pour 4 personnes

- Rincer et couper finement les poireaux. Les passer sous l'eau de nouveau. Éplucher et émincer l'ail.
- Dans une casserole, à feu moyen, verser les poireaux et la bière. Remuer pendant 5 minutes. Ajouter l'ail et les brins de thym et cuire environ 10 minutes.
- Avant de servir, verser la crème fraîche et laisser mijoter à feu doux quelques minutes. Saler et poivrer.
- Mélanger la sauce avec les pâtes chaudes.

WHISKY & POTIRON

spaghettis
250 g

potiron surgelé
500 g

whisky
3 cl

persil
× 2 brins

cumin
1 cuillerée à café

ail
× 3 gousses

prêt en 25 minutes

20 minutes de cuisson

pour 4 personnes

- Rincer et hacher finement le persil. Éplucher et couper l'ail en deux.
- Dans une casserole, à feu moyen, verser 20 cl d'eau, le potiron surgelé et l'ail. Cuire environ 10 minutes en remuant de temps en temps.
- Ajouter le whisky et mélanger. Puis ajouter le cumin et le persil. Laisser mijoter à feu doux 5 minutes. Saler et poivrer.
- Mélanger la sauce avec les pâtes chaudes.

LÉGUMES & SAUCE SOJA

linguine
250 g

chou vert
× ¼

carotte
× 1 grosse

ail
× 4 gousses

tofu ferme
200 g

sauce soja
4 cuillerées à soupe

prêt en 10 minutes

20 minutes de cuisson

pour 4 personnes

- Émincer le chou et l'ail. Couper la carotte en lanières avec un économe rasoir. Couper le tofu en cubes.
- Dans une grande sauteuse, mettre tous les ingrédients. Poivrer. Verser 75 cl d'eau. Porter à ébullition.
- Baisser le feu et cuire environ 15 minutes en remuant régulièrement.
- Rectifier l'assaisonnement. On peut ajouter un filet d'huile de sésame.

STAUB
STAUB

PRIMAVERA

linguine
250 g

asperges vertes
× 1 botte

tomates cerises
250 g

petits pois surgelés
100 g

ail
× 4 gousses

huile d'olive
5 cl

prêt en 10 minutes

20 minutes de cuisson

pour 4 personnes

- Émincer l'ail. Retirer la base dure des asperges et les couper en trois.
- Dans une grande sauteuse, mettre tous les ingrédients. Ajouter 70 cl d'eau et ½ cuillerée à café de sel. Poivrer. Porter à ébullition.
- Baisser le feu et cuire environ 15 minutes en remuant régulièrement.
- Rectifier l'assaisonnement.

TOMATE, MOZZA & BASILIC

linguine
250 g

tomates cerises
250 g

ail
× 4 gousses

huile d'olive
5 cl

basilic
× 1 grosse botte

mozzarella
250 g

prêt en 5 minutes

15 minutes de cuisson

pour 4 personnes

- Émincer l'ail, effeuiller le basilic. Déchirer grossièrement la mozzarella.
- Dans une grande sauteuse, mettre les pâtes, l'ail, l'huile d'olive et les tomates. Ajouter ½ cuillerée à café de sel et 70 cl d'eau. Poivrer. Porter à ébullition.
- Baisser le feu, cuire 12 minutes en remuant régulièrement.
- Ajouter la mozzarella, laisser fondre 1 minute puis ajouter le basilic. Rectifier l'assaisonnement.

linguine & tagliatelles

AIL, CÈPE & PERSIL

tagliatelles
250 g

cèpes sechés
20 g

huile d'olive
5 cl

parmesan râpé
60 g

ail
× 4 gousses

persil plat
× 6 brins

prêt en 5 minutes

10 minutes de repos
10 minutes de cuisson

pour 4 personnes

- Faire tremper les cèpes dans 85 cl d'eau pendant 10 minutes. Émincer l'ail.
- Dans une grande sauteuse, mettre les pâtes, les cèpes, l'eau de trempage, l'huile et l'ail.
- Ajouter ½ cuillerée à café de sel. Poivrer. Porter à ébullition. Baisser le feu et cuire 8 minutes en remuant régulièrement. Éteindre, ajouter le parmesan et le persil haché. Mélanger, couvrir, attendre 2 minutes.
- Mélanger de nouveau et rectifier l'assaisonnement si besoin.

FÈVE, MOZZA & MENTHE

tagliatelles
250 g

fèves surgelées
200 g

mozzarella
250 g

citron
× 1

menthe
× ½ botte

huile d'olive
× 5 cl

prêt en 5 minutes

10 minutes de cuisson

pour 4 personnes

- Déchirer la mozzarella grossièrement, effeuiller la menthe.
- Dans une grande sauteuse, mettre les pâtes, l'huile, les fèves, 70 cl d'eau et ½ cuillerée à café de sel. Poivrer. Porter à ébullition.
- Baisser le feu et cuire 8 minutes en remuant régulièrement. Ajouter la mozzarella et laisser fondre 1 minute.
- Ajouter la menthe et le zeste du citron. Mélanger, rectifier l'assaisonnement.

POULET, CURRY & CRÈME

prêt en 5 minutes

20 minutes de cuisson

pour 4 personnes

linguine
250 g

escalope de poulet
300 g

crème entière liquide
40 cl

jardinière de légumes
surgelée
300 g

curry en poudre
2 cuillerées à soupe

ail
× 3 gousses

- Couper le poulet en morceaux réguliers, presser l'ail.
- Dans une grande sauteuse, mettre tous les ingrédients. Ajouter 50 cl d'eau et ½ cuillerée à café de sel.
- Porter à ébullition. Baisser le feu et cuire environ 15 minutes en remuant régulièrement.
- Rectifier l'assaisonnement si besoin. Pour garder les légumes croquants, les ajouter à mi-cuisson.

SAUMON, FROMAGE & ASPERGE

linguine
250 g

asperges vertes
× 1 botte

Philadelphia®
150 g

saumon fumé
× 6 tranches

aneth
× 6 brins

citron
× 1

prêt en 10 minutes

15 minutes de cuisson

pour 4 personnes

- Retirer la base dure des asperges, les couper en trois. Détailler le saumon en lanières.
- Dans une grande sauteuse, mettre les pâtes, le fromage et les asperges. Ajouter 70 cl d'eau et ½ cuillerée à café de sel. Poivrer. Porter à ébullition.
- Baisser le feu et cuire 12 minutes en remuant régulièrement.
- Éteindre, ajouter le saumon, le zeste du citron, un filet de jus et l'aneth. Remuer, rectifier l'assaisonnement si besoin.

THON, FENOUIL & CITRON

tagliatelles
250 g

thon à l'huile d'olive
300 g

fenouil
× 1 gros

tomates cerises
250 g

citron confit
× 1

olives niçoises
100 g

prêt en 5 minutes

15 minutes de cuisson

pour 4 personnes

- Couper le citron confit en dés, émincer le fenouil.
- Dans une grande sauteuse, mettre tous les ingrédients ainsi que l'huile du thon. Ajouter 70 cl d'eau et ½ cuillerée à café de sel. Poivrer.
- Porter à ébullition. Baisser le feu et cuire environ 10 minutes en remuant régulièrement.
- Rectifier l'assaisonnement si besoin. Pour garder le thon en morceaux, l'incorporer au dernier moment.

SAUMON, AVOCAT & CITRON

linguine
250 g

saumon frais
300 g

avocats
× 2 mûrs

citrons verts
× 2

oignons frais
× 4

coriandre
× 1 botte

prêt en 15 minutes

5 minutes de repos
15 minutes de cuisson

pour 4 personnes

- Couper le saumon et les avocats en cubes. Faire mariner dans le jus et le zeste de citron vert. Assaisonner. Émincer les oignons frais.
- Dans une grande sauteuse, mettre tous les ingrédients, la marinade et 70 cl d'eau. Ajouter ½ cuillerée à café de sel, poivrer. Porter à ébullition.
- Baisser le feu et cuire 12 minutes en remuant régulièrement.
- Rectifier l'assaisonnement. Servir avec la coriandre effeuillée. Pour garder les cubes d'avocat entiers, les ajouter en fin de cuisson.

CREVETTE & COCO

prêt en 10 minutes

20 minutes de cuisson

pour 4 personnes

tagliatelles
250 g

gingembre
50 g

citronnelle
× 4 bâtons

crevettes crues surgelées
300 g

citron vert
× 1

lait de coco
40 cl

- Couper le gingembre en julienne et la citronnelle en tronçons biseautés.
- Dans une grande sauteuse, mettre tous les ingrédients sauf le citron vert. Ajouter ½ cuillerée à café de sel et 50 cl d'eau. Porter à ébullition.
- Baisser le feu et cuire environ 15 minutes en remuant régulièrement.
- Servir avec le jus et le zeste du citron vert.

PASTIS & GAMBAS

linguine
250 g

pastis
8 cl

gambas
× 8 grosses entières

oignon
× 1

crème fraîche épaisse
25 cl

fenouil
× 1 petit

prêt en 25 minutes

15 minutes de cuisson

pour 4 personnes

- Éplucher et trancher l'oignon. Rincer le fenouil, ôter la racine à l'intérieur et couper des tranches fines.
- Dans une poêle, à feu moyen, faire revenir l'oignon, le pastis et 3 cl d'eau. L'oignon doit être translucide. Ajouter les gambas et faire revenir à feu moyen. Les sortir et ôter les pattes et la carapace.
- Mettre le fenouil dans la poêle, faire revenir à feu moyen 5 minutes. Ajouter la crème et remuer. Remettre les gambas. Saler et poivrer.
- Mélanger les pâtes chaudes avec la sauce.

SARDINE, CUMIN & CITRON

prêt en 5 minutes

10 minutes de cuisson

pour 4 personnes

tagliatelles
250 g

sardines à l'huile d'olive
× 2 boîtes

citron confit
× 1

oignon
× 1

cumin
1 grosse cuillerée à soupe

persil plat
× 6 brins

- Émincer l'oignon, couper le citron confit en dés, hacher le persil.
- Dans une grande sauteuse, mettre les pâtes, l'oignon, le cumin, le citron, et l'huile des sardines. Ajouter 80 cl d'eau et ½ cuillerée à café de sel. Poivrer. Porter à ébullition.
- Baisser le feu et cuire 8 minutes en remuant régulièrement pour bien défaire les nids.
- Ajouter les sardines. Rectifier l'assaisonnement si besoin. Servir avec le persil.

MISO, SHIITAKÉ & POIREAU

tagliatelles
250 g

poireau
× 1

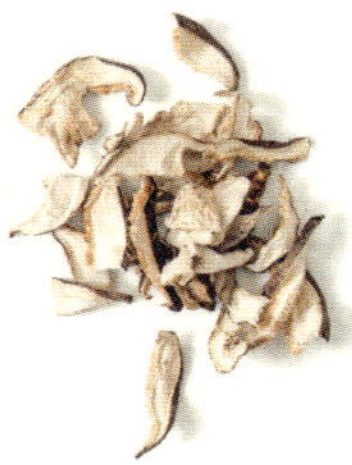

shiitakés secs émincés
20 g

miso brun
2 cuillerées à soupe

tofu ferme
200 g

huile de sésame
3 cuillerées à soupe

prêt en 5 minutes

15 minutes de cuisson

pour 4 personnes

- Tremper les shiitakés dans 80 cl d'eau. Laver, émincer le poireau. Couper le tofu en cubes.
- Dans une grande sauteuse, mettre tous les ingrédients. Porter à ébullition.
- Baisser le feu et cuire environ 10 minutes en remuant régulièrement pour défaire les nids de tagliatelles.

AUBERGINE, FETA & MENTHE

prêt en 5 minutes

20 minutes de cuisson

pour 4 personnes

penne
250 g

aubergines grillées
surgelées
300 g

concentré de tomates
70 g

ail
× 4 gousses

feta
100 g

menthe
× ½ bouquet

- Émincer l'ail, effeuiller la menthe. Couper les aubergines encore surgelées en morceaux réguliers.
- Dans une grande sauteuse, mettre l'ail, les pâtes, le concentré de tomates, les aubergines, 70 cl d'eau et ½ cuillerée à café de sel. Poivrer.
- Porter à ébullition. Baisser le feu et cuire 15 minutes en remuant régulièrement.
- Ajouter la feta émiettée et la menthe. Rectifier l'assaisonnement.

ARTICHAUT & CHAMPIGNON

pipe rigate
250 g

champignons de Paris
300 g

artichauts à l'huile
250 g

ail
× 4 gousses

persil plat
× 6 brins

olives noires
100 g

prêt en 10 minutes

20 minutes de cuisson

pour 4 personnes

- Couper les champignons en lamelles épaisses. Couper les artichauts égouttés en deux. Émincer l'ail.
- Dans une grande sauteuse, mettre tous les ingrédients sauf le persil. Ajouter 5 cl d'huile des artichauts, ½ cuillerée à café de sel et 70 cl d'eau. Poivrer. Porter à ébullition.
- Baisser le feu et cuire environ 15 minutes en remuant. Rectifier l'assaisonnement. Ajouter le persil plat haché. Pour garder les artichauts fermes, les ajouter à mi-cuisson.

STAUB
STAUB

MOUTARDE & ROQUETTE

penne rigate
250 g

moutarde
1,5 cuillerée à café

beurre
40 g

oignon
× 1

crème fraîche épaisse
250 ml

roquette
2 poignées

prêt en 20 minutes

10 minutes de cuisson

pour 4 personnes

- Éplucher et couper l'oignon. Rincer la roquette.
- Dans une casserole, à feu doux, faire fondre le beurre coupé en tranches et l'oignon. L'oignon doit devenir translucide.
- Ajouter la crème fraîche et la moutarde. Bien mélanger. Ajouter la roquette. Saler et poivrer. Laisser mijoter à feu doux pendant 3-5 minutes.
- Mélangez la sauce avec les pâtes chaudes et servir.

POIS CHICHE & CUMIN

prêt en 5 minutes

20 minutes de cuisson

pour 4 personnes

penne
250 g

pois chiches
400 g

cumin
1 grosse cuillerée à soupe

coriandre
× 1 botte

huile d'olive
5 cl

oignon
× 1

- Émincer l'oignon, effeuiller la coriandre. Rincer, égoutter les pois chiches.
- Dans une grande sauteuse, mettre tous les ingrédients sauf la coriandre. Ajouter ½ cuillerée à café de sel et 70 cl d'eau. Poivrer. Porter à ébullition.
- Baisser le feu, cuire environ 15 minutes en remuant.
- Rectifier l'assaisonnement. Servir avec la coriandre et, si on le souhaite, ajouter du peps avec un filet de jus de citron.

TOMATE, ASPERGE & POULET

penne rigate
250 g

escalope de poulet
250 g

tomates séchées à l'huile
80 g

asperges vertes
× 1 botte

ail
× 4 gousses

thym
× 4 brins

prêt en 10 minutes

15 minutes de cuisson

pour 4 personnes

- Émincer l'ail, les tomates et le poulet. Retirer la base dure des asperges et les couper en trois.
- Dans une grande sauteuse, mettre tous les ingrédients. Ajouter 70 cl d'eau, ½ cuillerée à café de sel et 5 cl d'huile des tomates. Poivrer. Porter à ébullition.
- Baisser le feu et cuire environ 10 minutes en remuant régulièrement. Rectifier l'assaisonnement si besoin.

COURGE, SCAMORZA & SPECK

penne rigate
250 g

speck
100 g

scamorza
150 g

roquette
80 g

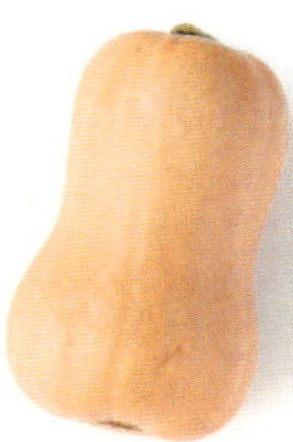

butternut
300 g

huile d'olive
5 cl

prêt en 10 minutes

15 minutes de cuisson

pour 4 personnes

- Couper la courge en cubes et la scamorza en morceaux.
- Dans une grande sauteuse, mettre tous les ingrédients sauf le fromage et la roquette. Ajouter 70 cl d'eau, ½ cuillerée à café de sel. Poivrer. Porter à ébullition.
- Baisser le feu et cuire 12 minutes en remuant régulièrement.
- Éteindre, ajouter la scamorza, et la roquette. Couvrir, attendre 1 minute puis mélanger. Rectifier l'assaisonnement si besoin.

STAUB

CARBO VEGAN

prêt en 10 minutes

15 minutes de cuisson

pour 4 personnes

penne rigate
250 g

lait d'amande
70 cl

tofu fumé
250 g

ail
× 3 gousses

petits pois surgelés
150 g

persil plat
× 5 brins

- Émincer l'ail, couper le tofu en cubes, ciseler le persil.
- Dans une grande sauteuse, mettre tous les ingrédients sauf le persil. Ajouter ½ cuillerée à café de sel. Poivrer. Porter à ébullition.
- Baisser le feu et cuire 12 minutes en remuant régulièrement.
- Rectifier l'assaisonnement. Ajouter le persil.

STAUB
STAUB

POULET, CHAMPIGNON & CRÈME

penne rigate
250 g

escalope de poulet
250 g

champignons de Paris
250 g

vin blanc
20 cl

crème entière liquide
40 cl

persil plat
× 6 brins

prêt en 10 minutes

15 minutes de cuisson

pour 4 personnes

- Émincer le poulet et les champignons. Hacher le persil.
- Dans une grande sauteuse, mettre tous les ingrédients sauf le persil. Ajouter 20 cl d'eau, et ½ cuillerée à café de sel. Poivrer. Porter à ébullition.
- Baisser le feu et cuire 12 minutes en remuant régulièrement.
- Éteindre, attendre 2 minutes, ajouter le persil, mélanger. Rectifier l'assaisonnement si besoin.

STAUB
STAUB

MORTEAU & COMTÉ

prêt en 10 minutes

20 minutes de cuisson

pour 4 personnes

rigatonis
250 g

saucisse de Morteau
× 1

oignon
× 1

moutarde à l'ancienne
2 cuillerées à soupe

comté
200 g

ciboulette
× 1 botte

- Émincer l'oignon. Couper la saucisse et le comté en cubes.
- Dans une grande sauteuse, mettre tous les ingrédients sauf le comté et la ciboulette. Ajouter 75 cl d'eau et ½ cuillerée à café de sel. Poivrer. Porter à ébullition.
- Baisser le feu et cuire 15 minutes en remuant régulièrement.
- Éteindre, ajouter le comté et la ciboulette. Mélanger, attendre 2 minutes. Mélanger de nouveau. Rectifier l'assaisonnement si besoin.

SAUCISSE, FENOUIL & TOMATE

rigatonis
250 g

oignon
× 1

chair à saucisse
300 g

tomates concassées
400 g

ail
× 4 gousses

graines de fenouil
1 grosse cuillerée à soupe

prêt en 10 minutes

20 minutes de cuisson

pour 4 personnes

- Émincer l'oignon, presser l'ail, façonner des petites boulettes avec la chair à saucisse.
- Dans une grande sauteuse, mettre tous les ingrédients. Ajouter 60 cl d'eau et ½ cuillerée à café de sel. Poivrer. Porter à ébullition.
- Baisser le feu et cuire 15 minutes en remuant régulièrement.
- Attendre 2 minutes. Mélanger de nouveau et rectifier l'assaisonnement si besoin.

SAUCISSE, KALE & PARMESAN

penne
250 g

saucisses de Montbéliard
× 2

oignon
× 1

kale
250 g

parmesan
50 g

huile d'olive
3 cl

prêt en 10 minutes

20 minutes de cuisson

pour 4 personnes

- Retirer la tige dure du kale. Émincer l'oignon, couper les saucisses en rondelles.
- Dans une grande sauteuse, mettre tous les ingrédients sauf le parmesan. Ajouter 70 cl d'eau et ½ cuillerée à café de sel. Poivrer. Porter à ébullition.
- Baisser le feu et cuire environ 15 minutes en remuant régulièrement.
- Éteindre, ajouter le parmesan râpé, mélanger, attendre 2 minutes. Mélanger de nouveau. Rectifier l'assaisonnement si besoin.

CANARD & CHAMPIGNON

prêt en 10 minutes

20 minutes de cuisson

pour 4 personnes

rigatonis
250 g

confit de canard
× 2 cuisses

champignons de Paris
300 g

ail
× 4 gousses

ciboulette
× 1 botte

parmesan
40 g

- Couper les champignons en 6 quartiers. Presser l'ail. Défaire la chair du canard.
- Dans une grande sauteuse, mettre tous les ingrédients sauf le parmesan et la ciboulette. Ajouter 70 cl d'eau, ½ cuillerée à café de sel et 2 cuillerées à soupe de graisse de canard. Poivrer. Porter à ébullition.
- Baisser le feu et cuire 15 minutes en remuant régulièrement.
- Éteindre, ajouter le parmesan râpé et la ciboulette ciselée. Attendre 2 minutes, mélanger.

THON, TAPENADE & TOMATE

pipe rigate
250 g

tapenade noire
90 g

tomates séchées à l'huile
80 g

courgette
× 1 grosse

ail
× 5 gousses

thon à l'huile d'olive
200 g

prêt en 10 minutes

15 minutes de cuisson

pour 4 personnes

- Couper les courgettes en demi-rondelles, les tomates en lanières et presser l'ail.
- Dans une grande sauteuse, mettre tous les ingrédients sauf le thon. Ajouter 70 cl d'eau et 2 cl d'huile du thon. Assaisonner légèrement. Porter à ébullition.
- Baisser le feu et cuire 12 minutes en remuant régulièrement.
- Éteindre, ajouter le thon et attendre 2-3 minutes. Mélanger, rectifier l'assaisonnement.

THON, OLIVE & CÂPRE

penne
250 g

thon à l'huile d'olive
250 g

concentré de tomates
70 g

olives noires
150 g

câpres
3 cuillerées à soupe

ail
× 4 gousses

prêt en 5 minutes

20 minutes de cuisson

pour 4 personnes

- Émincer ou presser l'ail.
- Dans une grande sauteuse, mettre tous les ingrédients sauf le thon. Ajouter 70 cl d'eau, ½ cuillerée à café de sel et 5 cl d'huile du thon. Poivrer. Porter à ébullition.
- Baisser le feu et cuire environ 15 minutes en remuant régulièrement.
- Éteindre, ajouter le thon, mélanger et attendre 2 minutes. Rectifier l'assaisonnement si besoin.

HADDOCK, POIREAU & CRÈME

rigatonis
250 g

haddock fumé
250 g

poireau
× 1

chou vert
× ¼

lait concentré non sucré
40 cl

ail
× 4 gousses

prêt en 10 minutes

20 minutes de cuisson

pour 4 personnes

- Émincer le chou, couper le poireau en rondelles et le haddock en cubes. Presser l'ail.
- Dans une grande sauteuse, mettre tous les ingrédients. Ajouter 40 cl d'eau, poivrer. Porter à ébullition.
- Baisser le feu et cuire 15 minutes en remuant régulièrement.
- Éteindre et attendre 2 minutes. Mélanger, rectifier en sel si besoin.

SOUPE DE POISSON & CHORIZO

prêt en 5 minutes

20 minutes de cuisson

pour 4 personnes

pipe rigate
250 g

soupe de poisson
80 cl

poivron rouge
× 1 petit

chorizo fort
100 g

crevettes crues surgelées
200 g

petits pois surgelés
200 g

- Couper le poivron en lanières et le chorizo en rondelles moyennes.
- Dans une grande sauteuse, mettre tous les ingrédients.
- Porter à ébullition. Baisser le feu et cuire 15 minutes en remuant régulièrement.
- Éteindre, couvrir et attendre 3-5 minutes. Mélanger, rectifier l'assaisonnement si besoin.

3 FROMAGES

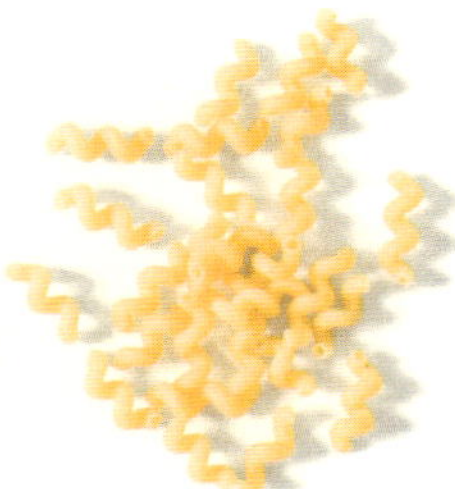

torsades
250 g

comté râpé
150 g

mozzarella
125 g

roquefort
100 g

roquette
100 g

ail
× 3 gousses

prêt en 5 minutes

15 minutes de cuisson

pour 4 personnes

- Presser l'ail. Déchirer la mozzarella, émietter le roquefort. Dans une grande sauteuse, mettre les pâtes et l'ail. Ajouter ½ cuillerée à café de sel et 70 cl d'eau. Poivrer. Porter à ébullition.
- Baisser le feu, cuire 10 minutes en remuant régulièrement. Ajouter les fromages, mélanger, couvrir et attendre 2 minutes.
- Mélanger, rectifier l'assaisonnement servir avec la roquette.

STAUB
STAUB

TAPENADE, FÈVE & TOMATE

fusillis
250 g

tomates cerises
250 g

fèves surgelées
200 g

tapenade noire
90 g

ail
× 3 gousses

citron
× 1

prêt en 5 minutes

20 minutes de cuisson

pour 4 personnes

- Dans une grande sauteuse, mettre l'ail pressé, 70 cl d'eau, ½ cuillerée à café de sel et tous les autres ingrédients sauf le citron. Poivrer. Porter à ébullition.
- Baisser le feu et cuire 15 minutes environ en remuant régulièrement.
- Rectifier l'assaisonnement, servir avec le zeste de citron.

POIVRON, MASCARPONE & FETA

torsades
250 g

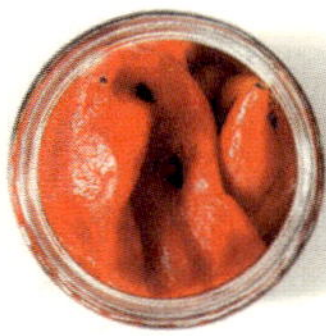

poivrons grillés en bocal
250 g

aubergines grillées
surgelées
250 g

mascarpone
2 grosses cuillerées
à soupe

feta
100 g

ail
× 4 gousses

prêt en 10 minutes

15 minutes de cuisson

pour 4 personnes

- Émincer l'ail. Couper les poivrons et les aubergines en morceaux réguliers.
- Dans une grande sauteuse, mettre tous les ingrédients sauf la feta. Ajouter 70 cl d'eau, et ½ cuillerée à café de sel. Poivrer. Porter à ébullition.
- Baisser le feu et cuire 12 minutes en remuant régulièrement.
- Ajouter la feta émiettée. Mélanger. Rectifier l'assaisonnement si besoin.

CHAMPIGNON & ÉPINARD

prêt en 15 minutes

15 minutes de cuisson

pour 4 personnes

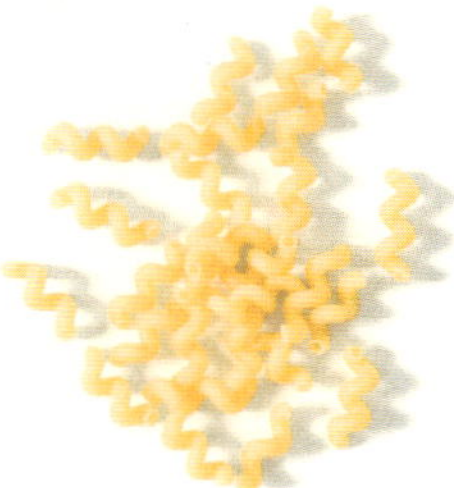

torsades
250 g

champignons de Paris
300 g

poireau
× 1

ail
× 4 gousses

épinards
200 g

comté
150 g

- Nettoyer les légumes. Retirer la tige dure des épinards, émincer l'ail, les champignons et le poireau.
- Dans une grande sauteuse, mettre tous les ingrédients sauf le comté. Ajouter ½ cuillerée à café de sel et 70 cl d'eau. Poivrer. Porter à ébullition.
- Baisser le feu et cuire 12-15 minutes en remuant régulièrement.
- Rectifier l'assaisonnement. Servir avec le comté râpé.

HARICOTS & TOMATE

prêt en 10 minutes

20 minutes de cuisson

pour 4 personnes

casarecce
250 g

haricots verts extrafins
200 g

haricots blancs en bocal
200 g

tomates concassées
400 g

bouquet garni
× 1

ail
× 4 gousses

- Rincer, égoutter les haricots blancs. Couper les haricots verts équeutés en deux ou en trois. Émincer l'ail.
- Dans une grande sauteuse, mettre tous les ingrédients. Ajouter ½ cuillerée à café de sel et 65 cl d'eau. Poivrer. Porter à ébullition.
- Baisser le feu et cuire environ 15 minutes en remuant régulièrement.
- Rectifier l'assaisonnement.

STAUB

ROQUEFORT & SALADES

prêt en 5 minutes

15 minutes de cuisson

pour 4 personnes

fusillis
250 g

trévise
× 1

oignon
× 1

roquefort
150 g

crème entière liquide
30 cl

roquette
40 g

- Émincer l'oignon et la trévise.
- Dans une grande sauteuse, mettre les pâtes, l'oignon et la crème. Ajouter ½ cuillerée à café de sel et 40 cl d'eau. Poivrer. Porter à ébullition.
- Baisser le feu et cuire 13 minutes en remuant régulièrement. Éteindre, ajouter le roquefort émietté. Couvrir, attendre 2 minutes.
- Mélanger, rectifier l'assaisonnement. Ajouter les salades et servir.

COURGE & KALE

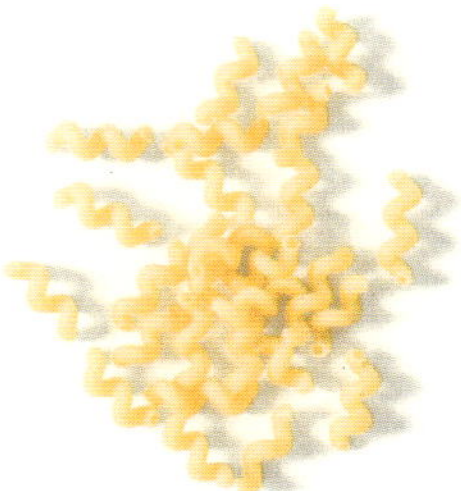

torsades
250 g

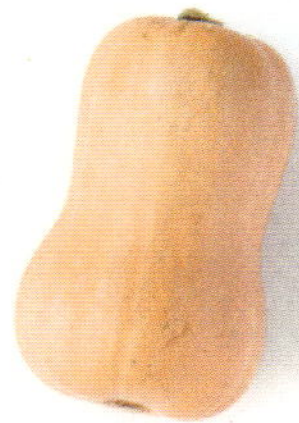

butternut
400 g

kale
300 g

bouillon de légumes
× 1 cube

ail
× 4 gousses

huile d'olive
3 cl

prêt en 10 minutes

20 minutes de cuisson

pour 4 personnes

- Éplucher la courge, la couper en cubes. Laver, retirer la tige dure du kale. Émincer l'ail.
- Dans une grande sauteuse, mettre les pâtes, le bouillon, l'huile, l'ail et les légumes en dernier. Poivrer.
- Ajouter 75 cl d'eau et ½ cuillerée à café de sel. Porter à ébullition. Baisser le feu et cuire 15 minutes en remuant régulièrement. Rectifier l'assaisonnement si besoin.

RATATOUILLE

fusillis
250 g

ratatouille surgelée
600 g

parmesan
60 g

ail
× 4 gousses

basilic
× 1 bouquet

huile d'olive
3 cl

prêt en 5 minutes

20 minutes de cuisson

pour 4 personnes

- Émincer ou presser l'ail.
- Dans une grande sauteuse, mettre les pâtes, la ratatouille encore surgelée, l'ail et l'huile. Ajouter ½ cuillerée à café de sel et 50 cl d'eau. Poivrer. Porter à ébullition.
- Baisser le feu. Cuire environ 15 minutes en remuant régulièrement. Rectifier l'assaisonnement.
- Servir avec le parmesan en copeaux et le basilic effeuillé.

POIVRON CRÉMEUX

prêt en 10 minutes

20 minutes de cuisson

pour 4 personnes

trofie
250 g

poivrons grillés en bocal
200 g

tomates cerises
250 g

ail
× 4 gousses

lait d'amande
50 cl

basilic
× 1 bouquet

- Rincer, égoutter les poivrons. Mixer avec le lait d'amande, l'ail et ½ cuillerée à café de sel.
- Verser dans une grande sauteuse. Ajouter les pâtes, les tomates et 10 cl d'eau. Poivrer. Porter à ébullition.
- Baisser le feu, cuire 15 minutes environ en remuant régulièrement.
- Rectifier l'assaisonnement si besoin. Servir avec le basilic.

LENTILLE, TOMATE & BASILIC

prêt en 5 minutes

20 minutes de cuisson

pour 4 personnes

fusillis
250 g

lentilles corail
120 g

tomates concassées
400 g

oignon
× 1

ail
× 4 gousses

basilic
× 1 gros bouquet

- Émincer l'oignon et l'ail, effeuiller le basilic.
- Dans une grande sauteuse, mettre les pâtes, la tomate, l'oignon, l'ail et les lentilles. Poivrer. Ajouter ½ cuillerée à café de sel et 70 cl d'eau. Porter à ébullition.
- Baisser le feu et cuire environ 15 minutes, en remuant régulièrement.
- Rectifier l'assaisonnement, ajouter le basilic, mélanger.

POIVRON, CHORIZO & TOMATE

fusillis
250 g

tomates concassées
400 g

oignon
× 1

poivron rouge
× 1 petit

chorizo
150 g

persil plat
× 6 brins

prêt en 10 minutes

20 minutes de cuisson

pour 4 personnes

- Émincer l'oignon, couper le chorizo en rondelles et le poivron en lanières. Hacher le persil.
- Dans une grande sauteuse, mettre tous les ingrédients sauf le persil. Ajouter 65 cl d'eau et ½ cuillerée à café de sel. Poivrer.
- Porter à ébullition. Baisser le feu et cuire environ 15 minutes en remuant régulièrement.
- Ajouter le persil, rectifier l'assaisonnement si besoin.

STAUB
STAUB

SAUCISSE, PESTO & ÉPINARD

trofie
250 g

tomates cerises
250 g

saucisse fraîche
250 g

pesto
100 g

épinards
150 g

prêt en 15 minutes

15 minutes de cuisson

pour 4 personnes

- Retirer la tige dure des épinards. Couper la saucisse en tronçons.
- Dans une grande sauteuse, mettre tous les ingrédients sauf le pesto. Ajouter 60 cl d'eau, ½ cuillerée à café de sel. Poivrer. Porter à ébullition.
- Baisser le feu et cuire 10 minutes en remuant régulièrement. Ajouter le pesto, remuer.
- Éteindre le feu et attendre 3 minutes. Mélanger de nouveau. Rectifier l'assaisonnement si besoin.

THON, ARTICHAUT & BASILIC

fusillis
250 g

tomates confites
100 g

thon à l'huile d'olive
300 g

artichauts à l'huile
300 g

ail
× 5 gousses

basilic
× 1 botte

prêt en 5 minutes

15 minutes de cuisson

pour 4 personnes

- Émincer l'ail. Couper les artichauts en quartiers.
- Dans une grande sauteuse, mettre tous les ingrédients sauf le thon et le basilic. Ajouter 70 cl d'eau, 5 cl d'huile du thon et ½ cuillerée à café de sel. Poivrer.
- Porter à ébullition. Baisser le feu et cuire 12 minutes en remuant régulièrement.
- Éteindre, ajouter le thon et le basilic. Attendre 2 minutes. Mélanger. Rectifier l'assaisonnement si besoin.

SAUMON, POIS & CHÈVRE

casarecce
250 g

pois gourmands surgelés
150 g

petits pois surgelés
150 g

saumon frais
300 g

chèvre frais
100 g

ail
× 5 gousses

prêt en 5 minutes

15 minutes de cuisson

pour 4 personnes

- Presser l'ail, couper le saumon en gros cubes.
- Dans une grande sauteuse, mettre tous les ingrédients sauf le chèvre. Ajouter 70 cl d'eau et ½ cuillerée à café de sel. Poivrer. Porter à ébullition.
- Baisser le feu et cuire 10 minutes en remuant régulièrement.
- Éteindre. Émietter le chèvre, attendre 2 minutes. Mélanger, Rectifier l'assaisonnement.

GAMBAS, CURRY & COCO

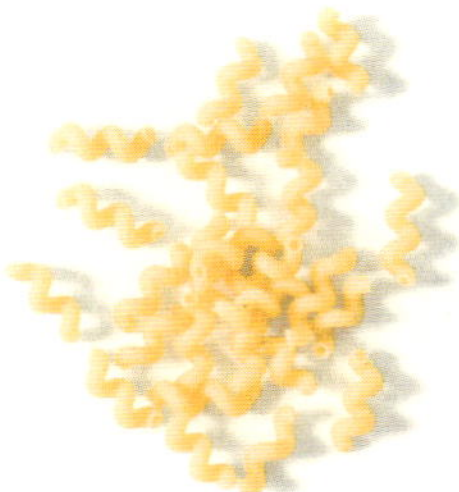

torsades
250 g

gambas crues surgelées
× 12

pâte de curry thaïe rouge
1 petite cuillerée à soupe

lait de coco
40 cl

basilic
× 1 botte

citron vert
× 1

prêt en 5 minutes

15 minutes de cuisson

pour 4 personnes

- Dans une grande sauteuse, mettre tous les ingrédients sauf le citron vert. Ajouter 40 cl d'eau et ½ cuillerée à café de sel. Porter à ébullition.
- Baisser le feu et cuire 10 minutes en remuant régulièrement.
- Servir avec le basilic effeuillé, le zeste et le jus de citron vert. Mélanger et rectifier l'assaisonnement si besoin.

SARDINE, FENOUIL & CÂPRE

trofie
250 g

sardines à l'huile d'olive
× 2 boîtes

fenouil
× 1

ail
× 4 gousses

concentré de tomates
70 g

câpres
3 cuillerées à soupe

prêt en 10 minutes

15 minutes de cuisson

pour 4 personnes

- Couper le fenouil en cubes, presser l'ail.
- Dans une grande sauteuse, mettre tous les ingrédients sauf les câpres et les sardines. Ajouter 65 cl d'eau, l'huile des sardines et ½ cuillerée à café de sel. Poivrer. Porter à ébullition.
- Baisser le feu et cuire 10 minutes en remuant régulièrement.
- Éteindre. Ajouter les câpres et les sardines. Remuer délicatement, attendre 2 minutes. Mélanger de nouveau, rectifier l'assaisonnement si besoin.

BROCOLI, AIL & ANCHOIS

trofie
250 g

brocoli
400 g

anchois à l'huile
80 g

ail
× 5 gousses

citron
× 1

piment en poudre
(peperoncino)
selon son goût

prêt en 10 minutes

15 minutes de cuisson

pour 4 personnes

- Détacher les bouquets de brocoli, couper les plus gros en deux ou en trois. Émincer l'ail.
- Dans une grande sauteuse, mettre tous les ingrédients sauf le citron. Ajouter l'huile des anchois, 75 cl d'eau et saler légèrement. Porter à ébullition.
- Baisser le feu et cuire 12 minutes en remuant régulièrement.
- Ajouter le zeste et la moitié du jus de citron. Rectifier l'assaisonnement si besoin.

STAUB

JAMBON, BEURRE & COMTÉ

coquillettes
250 g

beurre
50 g

comté
150 g

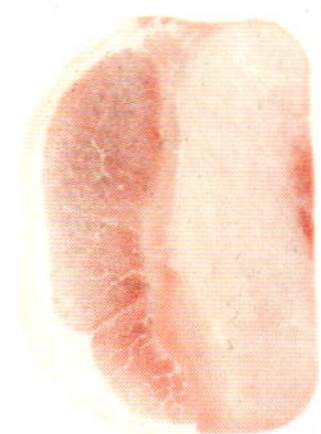

jambon blanc
× 4 tranches

prêt en 15 minutes

10 minutes de cuisson

pour 4 personnes

- Couper le jambon en dés, râper le comté.
- Dans une grande sauteuse, mettre les pâtes, le beurre, 60 cl d'eau et ½ cuillerée à café de sel. Poivrer. Porter à ébullition.
- Baisser le feu et cuire 7 minutes en remuant régulièrement.
- Éteindre, ajouter le comté râpé et le jambon. Couvrir, attendre 2 minutes, remuer. Rectifier l'assaisonnement si besoin.

MAC'N CHEESE

macaronis
250 g

lait concentré non sucré
40 cl

beurre
25 g

ail
× 3 gousses

cheddar
200 g

moutarde
2 cuillerées à soupe

prêt en 5 minutes

15 minutes de cuisson

pour 4 personnes

- Presser l'ail, râper le cheddar.
- Dans une grande sauteuse, mettre tous les ingrédients sauf le fromage. Ajouter ½ cuillerée à café de sel et 40 cl d'eau. Poivrer. Porter à ébullition.
- Baisser le feu et cuire 10 minutes en remuant régulièrement.
- Éteindre. Ajouter le cheddar râpé, mélanger, couvrir et attendre 2 minutes. Mélanger et rectifier l'assaisonnement.

BOURSIN® & ÉPINARD

prêt en 10 minutes

15 minutes de cuisson

pour 4 personnes

farfalle
250 g

Boursin®
150 g

épinards
300 g

ail
× 3 gousses

crème entière liquide
40 cl

- Nettoyer les épinards, retirer la tige dure. Presser l'ail.
- Dans une grande sauteuse, mettre tous les ingrédients. Ajouter ½ cuillerée à café de sel et 30 cl d'eau. Poivrer. Porter à ébullition.
- Baisser le feu, cuire 12 minutes en remuant régulièrement.
- Mélanger, rectifier l'assaisonnement si besoin.

STEAK, CHEDDAR & KETCHUP

coquillettes
250 g

steak haché
250 g

oignon
× 1

cornichons malossol
× 4

ketchup
8 cuillerées à soupe

cheddar
200 g

prêt en 10 minutes

10 minutes de cuisson

pour 4 personnes

- Assaisonner la viande, former des petites boulettes. Émincer l'oignon et les cornichons. Couper le cheddar en cubes. Dans une grande sauteuse, mettre tous les ingrédients sauf les cornichons et le cheddar.
- Ajouter ½ cuillerée à café de sel et 65 cl d'eau. Poivrer. Porter à ébullition.
- Baisser le feu et cuire 7 minutes en remuant.
- Éteindre, ajouter le cheddar râpé et les cornichons. Couvrir, attendre 2 minutes. Mélanger, rectifier l'assaisonnement.

LA VACHE QUI RIT® & COURGETTE

farfalle
250 g

courgettes
× 2 petites

La vache qui rit®
× 12 portions

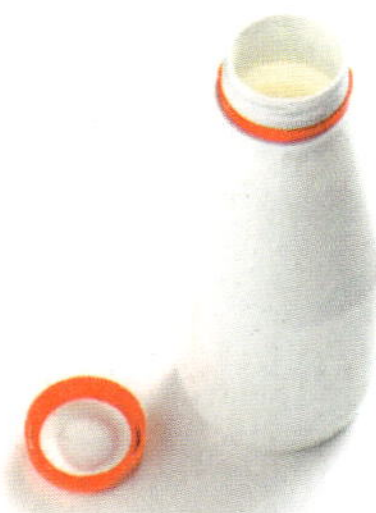

crème entière liquide
30 cl

ail
× 2 gousses

ciboulette
× 1 botte

prêt en 10 minutes

15 minutes de cuisson

pour 4 personnes

- Émincer les courgettes. Presser l'ail, ciseler la ciboulette.
- Dans une grande sauteuse mettre tous les ingrédients sauf la ciboulette. Ajouter ½ cuillerée à café de sel et 30 cl d'eau. Poivrer. Porter à ébullition.
- Baisser le feu, cuire 12 minutes en remuant régulièrement.
- Rectifier l'assaisonnement. Servir avec la ciboulette.

KNACKI®, KETCHUP & CHEDDAR

macaronis
250 g

Knacki®
× 5

oignon
× 1 petit

cheddar râpé
100 g

ketchup
6 cuillerées à soupe

moutarde
2 cuillerées à soupe

prêt en 5 minutes

15 minutes de cuisson

pour 4 personnes

- Émincer l'oignon, couper les Knacki® en petits tronçons.
- Dans une grande sauteuse, mettre tous les ingrédients sauf le cheddar. Ajouter 70 cl d'eau et ½ cuillerée à café de sel. Poivrer. Porter à ébullition.
- Baisser le feu et cuire 10 minutes en remuant régulièrement.
- Éteindre, ajouter le cheddar, remuer, attendre 2 minutes. Mélanger. Rectifier l'assaisonnement si besoin.

STAUB
STAUB

ASPERGE, COPPA & OIGNON

farfalle
250 g

tomates
× 4

oignons nouveaux
× 4

coppa
100 g

asperges vertes
× 1 botte

huile d'olive
5 cl

prêt en 10 minutes

15 minutes de cuisson

pour 4 personnes

- Retirer la base dure des asperges, les couper en trois. Émincer les oignons, couper les tomates en quartiers.
- Dans une grande sauteuse, mettre tous les ingrédients. Ajouter 65 cl d'eau et ½ cuillerée à café de sel. Poivrer. Porter à ébullition.
- Baisser le feu et cuire 12 minutes en remuant régulièrement. Rectifier l'assaisonnement si besoin.

MISO MINESTRONE

prêt en 15 minutes

10 minutes de cuisson

pour 4 personnes

coquillettes
250 g

carottes
× 2

courgette
× 1

champignons de Paris
× 8 moyens

wakamé
2 grosses cuillerées à soupe

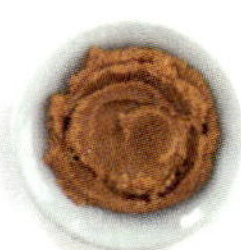

miso brun
2 cuillerées à soupe

- Nettoyer et émincer tous les légumes. Mettre tous les ingrédients dans une grande casserole. Verser 1,4 litre d'eau et porter à ébullition.
- Baisser le feu et cuire 6 minutes environ. Rectifier l'assaisonnement si besoin. Pour un bouillon plus riche, ajouter 1 cube de bouillon de légumes à l'eau.

CHOU & SAUCISSE

orecchiette
250 g

chou vert
× ½ petit

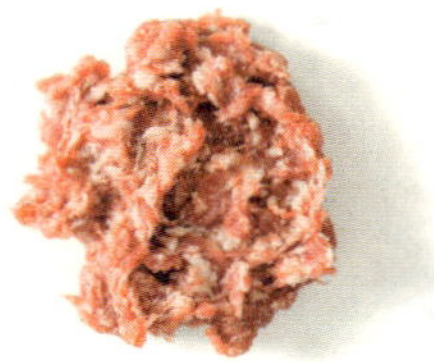

chair à saucisse
300 g

oignon
× 1

ail
× 4 gousses

huile d'olive
3 cl

prêt en 10 minutes

20 minutes de cuisson

pour 4 personnes

- Émincer le chou et l'oignon. Presser l'ail. Faire des boulettes avec la chair à saucisse.
- Dans une grande sauteuse, mettre tous les ingrédients. Ajouter 75 cl d'eau et ½ cuillerée à café de sel. Poivrer.
- Porter à ébullition. Baisser le feu et cuire environ 15 minutes en remuant régulièrement. Ajouter un peu d'eau si besoin.
- Éteindre, laisser reposer 2 minutes. Mélanger. Rectifier l'assaisonnement.

BROCOLI, LARD & PIMENT

orecchiette
250 g

brocoli
400 g

lard fumé
200 g

ail
× 4 gousses

huile d'olive
5 cl

piment en poudre
(peperoncino)
selon son goût

prêt en 15 minutes

20 minutes de cuisson

pour 4 personnes

- Émincer l'ail. Détacher les bouquets de brocoli. Couper le lard en morceaux réguliers.
- Dans une grande sauteuse, mettre tous les ingrédients. Ajouter ½ cuillerée à café de sel et 70 cl d'eau. Poivrer. Porter à ébullition.
- Baisser le feu et cuire 15 minutes en remuant régulièrement.
- Rectifier l'assaisonnement si besoin. On peut servir avec du parmesan râpé.

POTIRON, COCO & CURRY

prêt en 10 minutes

15 minutes de cuisson

pour 4 personnes

farfalle
250 g

purée de potiron surgelée
200 g

lait de coco
40 cl

épinards
300 g

curry en poudre
1 grosse cuillerée à soupe

gingembre
25 g

- Laver les épinards, retirer la tige dure. Râper le gingembre épluché.
- Dans une grande sauteuse, mettre tous les ingrédients. Ajouter 30 cl d'eau et ½ cuillerée à café de sel. Porter à ébullition.
- Baisser le feu et cuire 12 minutes en remuant régulièrement.
- Mélanger. Rectifier l'assaisonnement si besoin.

STAUB
STAUB

MINESTRONE CONCHIGLIETTE

prêt en 10 minutes

10 minutes de cuisson

pour 4 personnes

pâtes à potage
150 g

bouillon de légumes
× 1 cube

haricots blancs en bocal
200 g

carotte
× 1

courgette
× 1

celeri
× 2 branches

- Couper la carotte et la courgette en cubes. Émincer le céleri, rincer, égoutter les haricots blancs.
- Mettre tous les ingrédients dans une casserole. Verser 1,3 litre d'eau et porter à ébullition.
- Baisser le feu et cuire 7 minutes environ. Assaisonner.
- On peut ajouter les herbes et légumes de saison de son choix pour enrichir la recette.

GARAM MASALA & COCO

prêt en 10 minutes

15 minutes de cuisson

pour 4 personnes

pâtes à potage
250 g

tomates
× 3

lait de coco
40 cl

oignon
× 1

garam masala
× 1 grosse cuillerée à soupe

coriandre
× 1 botte

- Ciseler l'oignon. Couper les tomates en gros dés. Hacher la coriandre.
- Dans une sauteuse ou une cocotte, mettre les pâtes, l'oignon, le garam masala, les tomates et le lait de coco. Ajouter 30 cl d'eau et ½ cuillerée à café de sel. Porter à ébullition.
- Baisser le feu et cuire 10 minutes en remuant régulièrement.
- Rectifier l'assaisonnement si besoin. Servir avec la coriandre. On peut aussi ajouter du jus de citron vert selon son goût.

STAUB

LÉGUMES D'HIVER

ditalis
250 g

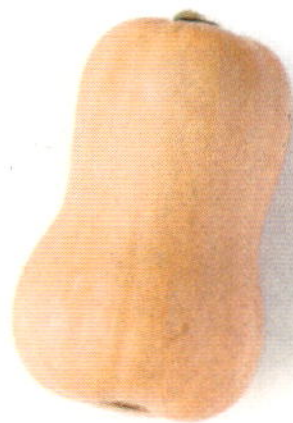

butternut
250 g

céleri-rave
250 g

poireau
× 1

chou vert
× ¼

huile d'olive
5 cl

prêt en 15 minutes

20 minutes de cuisson

pour 4 personnes

- Émincer le chou et le poireau. Couper le céleri-rave et la courge en cubes moyens.
- Dans une grande sauteuse, mettre les pâtes, l'huile, le poireau, le chou, le céleri-rave et la courge. Ajouter ½ cuillerée à café de sel et 75 cl d'eau. Poivrer. Porter à ébullition.
- Baisser le feu, cuire 15 minutes en remuant régulièrement.
- Rectifier l'assaisonnement. Pour un bouillon plus riche, ajouter 1 cube de bouillon de légumes à l'eau.

CHILI SIN CARNE

prêt en 5 minutes

20 minutes de cuisson

pour 4 personnes

ditalis
250 g

tomates concassées
400 g

poivron vert
× 1

citron vert
× 1

haricots rouges
400 g

cumin
× 1 cuillerée à soupe

- Couper le poivron en dés, rincer et égoutter les haricots.
- Dans une grande sauteuse, mettre les ditalis, la tomate, le cumin, le poivron et les haricots. Ajouter 70 cl d'eau et ½ cuillerée à café de sel. Porter à ébullition.
- Baisser le feu et cuire 15 minutes en remuant.
- Ajouter le zeste et la moitié du jus de citron vert, mélanger, rectifier l'assaisonnement. On peut enrichir le plat en ajoutant un peu d'ail et de la coriandre au moment de servir.

pâtes farcies en sauce

MINESTRONE TORTELLINI

prêt en 5 minutes

10 minutes de cuisson

pour 4 personnes

tortellinis secs
150 g

jardinière de légumes
surgelée
300 g

haricots blancs en bocal
200 g

tomates
× 2

bouillon de poule
× 1 cube

parmesan
30 g

- Couper les tomates en cubes. Rincer et égoutter les haricots blancs.
- Dans une grande casserole, mettre tous les ingrédients sauf le parmesan. Verser 1,2 litre d'eau. Porter à ébullition.
- Baisser le feu et cuire 8 minutes.
- Rectifier l'assaisonnement si besoin. Servir avec des copeaux de parmesan.

pâtes farcies en sauce

ARTICHAUT & PETIT POIS

tortellinis secs
250 g

artichauts à l'huile
250 g

petits pois surgelés
200 g

ail
× 4 gousses

crème entière liquide
40 cl

parmesan
40 g

prêt en 5 minutes

10 minutes de cuisson

pour 4 personnes

- Émincer l'ail, couper les artichauts en quartiers.
- Dans une grande sauteuse, mettre tous les ingrédients sauf le parmesan. Ajouter 20 cl d'eau, assaisonner. Porter à ébullition.
- Baisser le feu et cuire 8 minutes.
- Rectifier en assaisonnement si besoin. Servir avec des copeaux de parmesan. Pour garder les artichauts croquants, les ajouter à mi-cuisson.

BEURRE, AIL & PERSIL

tortellinis frais
400 g

beurre
100 g

persil
× 2-3 brins

ail
× 2 petites gousses

prêt en 5 minutes

5 minutes de cuisson

pour 4 personnes

- Éplucher et couper l'ail en rondelles. Rincer et ciseler le persil.
- Faire fondre à feu doux le beurre coupé en tranches. Enlever la mousse blanche avec une cuillère. Ajouter l'ail et le persil, chauffer 1-2 minutes à feu doux.
- Saler et poivrer légèrement.
- Servir les pâtes arrosées de sauce.

SAUCE MORNAY

beurre
30 g

farine
30 g

lait
300 ml

gruyère râpé
20 g

bouillon de légumes
× 1 cube

noix de muscade
1 pincée

prêt en 20 minutes

10 minutes de cuisson

pour 4 personnes

- Préparer le bouillon selon les instructions de l'emballage.
- Dans une casserole, à feu doux, faire fondre le beurre coupé en morceaux. Ajouter la farine et mélanger avec un fouet 1-2 minutes.
- Verser le lait et 50 ml de bouillon petit à petit, mélanger environ 5 minutes. La sauce doit être épaisse.
- Ajouter la noix de muscade, du sel, du poivre et le gruyère râpé. Laisser fondre à feu doux en mélangeant. Servir rapidement avec des pâtes farcies.

AUBERGINES GRILLÉES

prêt en 15 minutes

10 minutes de cuisson

pour 4 personnes

raviolis frais
400 g

aubergines grillées
surgelées
250 g

ail
× ½ gousse

béchamel
250 ml

gruyère râpé
1 petite poignée

ciboulette
× ½ botte

- Rincer et couper finement la ciboulette. Éplucher l'ail.
- Dans une poêle, à feu moyen, verser la béchamel et presser l'ail. Ajouter les aubergines surgelées et 2 cuillerées à soupe de ciboulette. Laisser mijoter environ 10 minutes. Saler et poivrer.
- Servir avec les raviolis, parsemer de gruyère râpé.

BETTERAVE & PARMESAN

prêt en 25 minutes

15 minutes de cuisson

pour 4 personnes

betteraves cuites
300 g

vinaigre balsamique
1-2 cuillerées à soupe

bouillon de légumes
× 1 cube

parmesan
15 g

oignon
× 1

huile d'olive
1 filet

- Couper les betteraves en dés. Éplucher et couper l'oignon en lamelles. Râper le parmesan. Préparer le bouillon selon les instructions de l'emballage.
- Mixer les betteraves et 250 ml de bouillon.
- Dans une casserole, à feu moyen, faire fondre l'oignon dans l'huile d'olive environ 10 minutes.
- Ajouter la purée de betterave, le parmesan et le vinaigre balsamique. Chauffer à feu doux environ 3 minutes. Saler et poivrer. Servir avec des raviolis.

CHEDDAR & MOUTARDE

raviolis frais
400 g

cheddar
75 g

crème fraîche épaisse
250 ml

moutarde
2 cuillerées à café

ciboulette
× ½ botte

prêt en 15 minutes

10 minutes de cuisson

pour 4 personnes

- Rincer et couper finement la ciboulette. Râper grossièrement le cheddar.
- Dans une casserole, à feu moyen, verser la crème fraîche et la moutarde. Mélanger.
- Ajouter le cheddar et 1 ou 2 cuillerées à soupe de ciboulette, mélanger et laisser mijoter à feu doux 5-7 minutes. Saler et poivrer. Servir avec les raviolis.

pâtes farcies en sauce

PORTO & MELON

raviolis frais
400 g

melon
1 kg

porto
3 cl

ail
× ½ petite gousse

persil
× 1-2 brins

prêt en 25 minutes

15 minutes de cuisson

pour 4 personnes

- Couper le melon en deux, enlever les pépins et trancher de petits cubes sans la peau. Rincer et hacher finement le persil. Éplucher l'ail.
- Dans une casserole, à feu moyen, verser 5 cl d'eau, le porto, l'ail pressé et les morceaux de melon. Laisser mijoter pendant 12-15 minutes.
- Vers la fin de cuisson, ajouter le persil. Saler et poivrer. Servir avec les raviolis.

POULET AU CURCUMA

filet de poulet
300 g

yaourts à la grecque
× 2

oignon
× 1

curcuma
1 cuillerée à café

cumin
2 cuillerées à café

ciboulette
× ½ botte

prêt en 25 minutes

15 minutes de cuisson

pour 4 personnes

- Rincer et ciseler la ciboulette. Éplucher et couper finement l'oignon. Couper le poulet en morceaux.
- Dans une casserole, à feu doux, verser 3 cl d'eau, les oignons, le curcuma et le cumin. Remuer pendant quelques minutes.
- Ajouter le poulet et faire revenir à feu moyen quelques minutes.
- Verser les yaourts et 1 ou 2 cuillerées à soupe de ciboulette. Laisser mijoter à feu doux pendant 8-10 minutes en remuant souvent. Saler et poivrer. Servir avec des tortellinis frais.

COURGE, COCO & LARDON

prêt en 20 minutes

15 minutes de cuisson

pour 4 personnes

raviolis frais
400 g

potiron surgelé
460 g

piment d'Espelette
½ cuillerée à café

lardons
120 g

persil
× 2 brins

crème de coco
13 cl

- Rincer et hacher finement le persil.
- Dans une poêle, à feu moyen, faire revenir les lardons. Ils doivent être croustillants. Réserver.
- Dans une casserole, à feu moyen, verser 6 cl d'eau et les dés de potiron surgelés. Cuire environ 10 minutes en remuant de temps en temps. Verser la crème de coco. Mélanger. Ajouter le piment et les lardons. Chauffer à feu doux 5 minutes.
- Parsemer de persil. Saler et poivrer. Servir avec les raviolis.

BIÈRE & BŒUF

prêt en 25 minutes

20 minutes de cuisson

pour 4 personnes

bœuf
200 g

oignon
× 1

fond de bœuf
× 1 dose

bière blonde
10 cl

moutarde
1 cuillerée à café

pain d'épices
× 2 tranches

- Éplucher et couper l'oignon en petits morceaux. Couper la viande en grosses lamelles, le pain d'épices en morceaux. Préparer le fond de bœuf selon les instructions de l'emballage.

- Dans une casserole, à feu moyen, verser l'oignon et la bière, cuire 5 minutes. Ajouter 20 cl de bouillon, la moutarde et le pain d'épices. Laisser mijoter à feu moyen environ 10 minutes.

- Ajouter la viande et laisser mijoter à feu doux quelques minutes. Saler et poivrer. Servir avec des raviolis.

pâtes farcies en sauce

PORTO & CHAMPIGNON

prêt en 25 minutes

20 minutes de cuisson

pour 4 personnes

raviolis frais
400 g

champignons de Paris
300 g

porto
10 cl

lardons
150 g

persil
× 2-3 brins

crème fraîche épaisse
25 cl

- Rincer et hacher finement le persil.
- Dans une poêle, à feu moyen, faire revenir les lardons. Ils doivent être croustillants. Réserver hors du feu.
- Dans une casserole, à feu moyen, verser le porto et les champignons et cuire environ 12-15 minutes en remuant de temps en temps. Ajouter la crème fraîche et remuer. Mettre les lardons et cuire encore 5 minutes.
- Parsemer de persil. Saler et poivrer. Servir avec les raviolis.

pâtes farcies en sauce

ANCHOIS & ARTICHAUT

tortellinis frais
400 g

anchois
× 2

fonds d'artichaut
surgelés
300 g

bouillon de légumes
× 1 cube

persil
× 2 brins

prêt en 15 minutes

5 minutes de cuisson

pour 4 personnes

- Décongeler les fonds d'artichaut selon les instructions de l'emballage. Les couper en morceaux fins. Préparer le bouillon de légumes selon les instructions de l'emballage.

- Mixer la moitié des artichauts et 10 cl de bouillon. Ajouter l'autre moitié des artichauts, le persil haché et les anchois. Mixer de nouveau. Le mélange doit être homogène. Poivrer. Servir avec les tortellinis.

SAUCE INDIENNE

prêt en 20 minutes

10 minutes de cuisson

pour 4 personnes

raviolis frais
400 g

épinards frais
150 g

ricotta
250 g

curry en poudre
1-2 cuillerées à café

pignons
50 g

- Rincer les feuilles d'épinard.
- Dans une poêle, à feu moyen, griller les pignons environ 3 minutes.
- Dans une casserole, à feu moyen, faire frémir les feuilles d'épinard et 10 cl d'eau en remuant. Verser le curry et la ricotta. Laisser mijoter à feu doux 5 minutes.
- Vers la fin de la cuisson, ajouter les pignons, saler et poivrer. Si le mélange est trop épais, ajouter un peu d'eau. Servir avec les raviolis.

pâtes farcies en sauce

MANGUE & CURRY

prêt en 25 minutes

15 minutes de cuisson

pour 4 personnes

ravioles
4 plaques

mangues bien mûres
× 2 grosses

oignon
× 1

piment rouge mi-fort
× 1

curry jaune
1 cuillerée à café

huile d'olive
1 filet

- Couper les mangues en deux, ôter la chair et couper en petits morceaux. Éplucher et couper finement l'oignon. Rincer et couper le piment en fines rondelles.
- Dans une casserole, à feu moyen, verser l'huile d'olive, l'oignon et le curry. Cuire quelques minutes, l'oignon doit devenir translucide. Ajouter 10 cl d'eau, le piment et les mangues. Laisser frémir à feu doux pendant 12-15 minutes.
- Un peu avant la fin de la cuisson, saler et poivrer. Servir avec les ravioles.

THON, COCO & CITRON VERT

prêt en 15 minutes

10 minutes de cuisson

pour 4 personnes

raviolis frais
400 g

thon à l'huile d'olive
150 g

crème de coco
25 cl

citron vert
× 1

ail
× ½ gousse

piments rouges mi-forts
× 2 petits

- Rincer et couper le piment en rondelles. Rincer et couper le citron vert en quatre. Éplucher l'ail.

- Dans une casserole, à feu moyen, verser la crème de coco, l'ail pressé et le piment rouge. Bien remuer. Ajouter le thon émietté grossièrement, son huile et le jus de ¼ de citron vert. Remuer et laisser mijoter à feu doux environ 5 minutes.

- Saler et poivrer. Ajouter du jus ou un morceau de citron vert selon les goûts. Servir avec les raviolis.

pâtes farcies en sauce

CREVETTES AU CURRY

prêt en 25 minutes

20 minutes de cuisson

pour 4 personnes

crevettes roses
× 15

tomates concassées
400 g

yaourt à la grecque
× 1

curry jaune
1,5 cuillerée à café

cumin
1,5 cuillerée à café

menthe
× 8 feuilles

- Rincer et ciseler finement les feuilles de menthe.
- Dans une casserole, à feu moyen, mettre les tomates, le curry, le cumin et laisser mijoter 10-12 minutes. Verser le yaourt à la grecque et mélanger. Ajouter les crevettes et cuire à feu doux 5-7 minutes.
- Parsemer de menthe. Saler et poivrer. Servir avec des raviolis.

table des recettes

LES PÂTES PRÉFÉRÉES DES ENFANTS

PÂTES FARCIES EN SAUCE

Recettes issues des livres : *Pasta magique Super facile* d'Orathay Souksisavanh et *Bolo Super facile* d'Anaïs Chabault.

Photographies des recettes : Charlotte Lascève et Richard Boutin.
Photographies des ingrédients : © Richard Boutin, Rebecca Genet, Valéry Guedes, Akiko Ida, Pierre Javelle, Charlotte Lascève et Elisa Watson.

Mise en pages : Frédéric Voisin
Suivi éditorial : Natacha Kotchetkova

58, rue Jean-Bleuzen, 92178 Vanves Cedex
Dépôt légal : août 2023
ISBN : 978-2-501-17922-5
6332745/02
Achevé d'imprimer en novembre 2023 sur les presses de Macrolibros en Espagne

PAPIER À BASE DE FIBRES CERTIFIÉES

MARABOUT
s'engage pour l'environnement en réduisant l'empreinte carbone de ses livres.
Celle de cet exemplaire est de :
500 g éq. CO_2
Rendez-vous sur www.marabout-durable.fr